I0704877

El corazón no sabe OLVIDAR

El corazón no sabe OLVIDAR

Quizás en otra vida no tengamos las heridas que nos impiden abrazarnos sin hacernos daño… quizá en otra vida, tengamos la oportunidad de seguirnos amando… quizá… en otra vida, podamos ser más sabios, porque solo con un quizá… me da esperanza… para seguir respirando.

Salvador Garza

El corazón no sabe OLVIDAR

Al conocerte entendí por qué existe la teoría del hilo rojo.

Porque tú y yo siempre estuvimos juntos y a la vez tan lejos, compartiendo el inicio de nuestros estudios hasta la culminación de estos... estando en los mismos lugares miles de veces, y nunca nos juntamos hasta que el destino así lo quiso, que nuestra separación no sea un obstáculo para volvernos a encontrar y volvernos a enamorar.

Salvador Garza

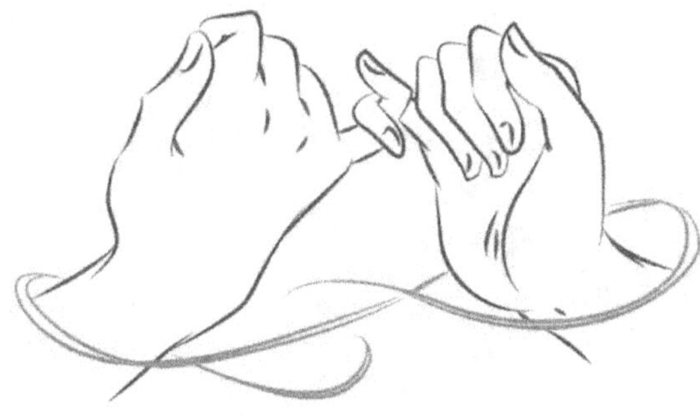

El corazón no sabe OLVIDAR

La luna es la única que sabe que me desvelo pensando en ti; si tan solo hubiera hecho las cosas diferentes, aún estarías aquí; el miedo de perderte me quitaba la tranquilidad, afirmando así... que las pesadillas también se hacen realidad.

Salvador Garza

El corazón no sabe OLVIDAR

Soñar contigo es lo más hermoso de mi existencia… y qué más puedo hacer si es lo único que me queda… puesto que decidiste irte, sin mirar atrás, y no te culpo, tú querías una vida completamente diferente a la que yo te podía dar, y a pesar de que aún te amo, no quise ser egoísta y no soltar tu mano; te merecías lo mejor, así ya no estuvieras a mi lado.

Salvador Garza

El corazón no sabe OLVIDAR

Todos me hacen sentir culpable por seguirte pensando, pero qué puedo hacer yo, si despierto en las noches temblando, solo me queda ver tus fotos que aún guardo... como tirarlas, si aún te sigo amando.

Salvador Garza

El corazón no sabe OLVIDAR

Despierto todas las noches, pensando que nuestra ruptura ha sido un sueño, un pedazo de mi alma cae… pues mi mente intenta engañarme tratando de tranquilizarme, ya que sufro constantemente al no tenerte, tal vez… soñarte es un esfuerzo que hace mi subconsciente para no soltarte.

Salvador Garza

El corazón no sabe OLVIDAR

Aún guardo tu foto en mi cartera; no he tenido el valor de quitarla, puesto que tengo la esperanza de que algún día nos volveremos a ver… y podré mostrarte que jamás te deje de querer.

Salvador Garza

El corazón no sabe OLVIDAR

Mi corazón se acelera al despertar, ya que, al soñar, te vuelvo a mirar; no pasan ni dos segundos para darme cuenta… que ya no estás, y que perdí la oportunidad de apreciarte un poco más.

Salvador Garza

El corazón no sabe OLVIDAR

En el silencio de mis pensamientos, tu
nombre me viene y no entiendo la razón,
que termina por conmover a mi corazón,
dándome la idea de irte a buscar… pero
como mirarte a los ojos y darme cuenta…
de que me has dejado de amar.

Salvador Garza

El corazón no sabe OLVIDAR

Nunca conoceré a una mujer como ella…
Sé que no era perfecta, pero si no lo era,
¿por qué al verla mi corazón se altera?
Ahora solo vive en mis recuerdos
primordiales; es una pena que esos
hermosos ojos cafés no vuelvan a mirarme.

Salvador Garza

El corazón no sabe OLVIDAR

¿Por qué escribo solo en las noches?
Tal vez porque es el momento donde nadie
me ve llorar… llorar por una mujer que ya
no está, si tan solo tuviera el valor de ir a
buscarla, y decirle que jamás la he dejado
de amar.

Salvador Garza

El corazón no sabe OLVIDAR

Aún te amo… ¿Qué cómo lo sé?
Por qué soñar contigo es lo más bonito que
me puede pasar, saber que tocaras mi
hombro y me digas "¿cómo estás?"

Salvador Garza

El corazón no sabe OLVIDAR

*Estar en mis sueños, escuchar la alarma y
que me mires con preocupación… Es que
no sabes cuanto miedo tengo de despertar y
darme cuenta de que en tu corazón está
alguien más.*

Salvador Garza

El corazón no sabe OLVIDAR

Cuando me besó por primera vez, no podía creerlo; fue como encender el interruptor de un amor que perduraría toda mi vida y que lo recordaría… hasta el final de mis días.

Salvador Garza

El corazón no sabe OLVIDAR

*Mi corazón oculta todos los pensamientos
que mi mente quiere borrar… No lo culpo,
como pretende borrar a la mujer que nos
hizo ver el amor real.*

Salvador Garza

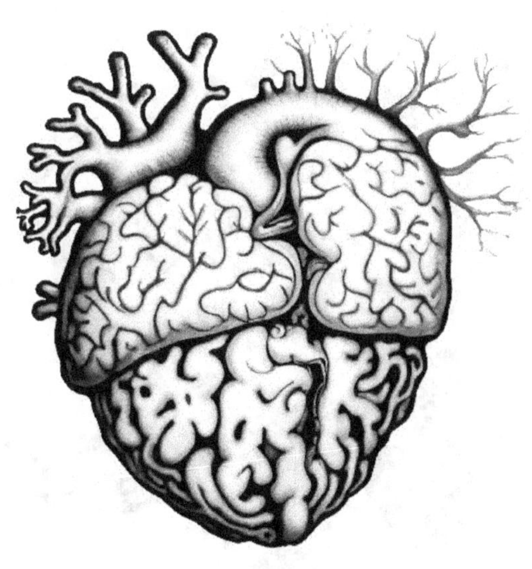

El corazón no sabe OLVIDAR

Estás en mis sueños y me miras con preocupación al verme llorar, y es que no tengo valor para decirte… que solo en mi imaginación te puedo encontrar.

Salvador Garza

El corazón no sabe OLVIDAR

No me mires con tristeza… mejor disfrutemos el momento que mis sueños nos otorgan, para tomarnos de la mano y cumplir esa promesa, de seguirnos amando.

Salvador Garza

El corazón no sabe OLVIDAR

Todos me cuestionan el por qué me duermo temprano; no se dan cuenta de que, si pierdo tan solo un minuto en la realidad, es uno que me faltará en mis sueños... sueños donde te puedo volver a mirar.

Salvador Garza

El corazón no sabe OLVIDAR

*Todos me ven con los ojos irritados,
pensando que tengo gripa. Eso me da risa,
si supieran que es por llorar viendo las
estrellas… pensando en tu sonrisa.*

Salvador Garza

El corazón no sabe OLVIDAR

No dejan de juzgarme por seguirte amando… Si tan solo entendieran que eres lo mejor que me ha pasado, me gustaría que comprendieran que nadie es perfecto, y que tus errores son cosa del pasado… Eras joven e impulsiva y yo un tonto que solo mi vida te ofrecía.

Salvador Garza

El corazón no sabe OLVIDAR

Aún te amo… ¿Que como lo sé?
Porque despierto todas las noches con
ganas de llorar, porque en mis sueños es
donde te puedo encontrar… despertar me
destruye cada vez más.

Salvador Garza

El corazón no sabe OLVIDAR

Paso mis días desperdiciando las horas… y cuando sueño, cuento los minutos que nos quedan juntos.

Salvador Garza

El corazón no sabe OLVIDAR

Amo dormir, y no por flojo o porque esté cansado… es solo que mis sueños me ofrecen la oportunidad de volver a estar a tu lado.

Salvador Garza

El corazón no sabe OLVIDAR

Nunca me faltaron las palabras para describir lo que siento, solo que en este momento, creo que no son suficientes, un te amo en un poemario… dos palabras con tanto poder, que las personas de hoy en día utilizan sin medida, pero también son las palabras que mereces escuchar… todos los días.

Salvador Garza

El corazón no sabe OLVIDAR

*Aunque no estés a mi lado… o tu amor ya
no me pertenezca… me aferro a la idea de
que es posible que un corazón pueda amar
por dos personas.*

Salvador Garza

El corazón no sabe OLVIDAR

No me pude quedar, porque sabía que ya no eras feliz… decidí dejarte partir con la esperanza de que cuando voltearas a verme, sonrieras una vez más… viéndome cómo un dulce recuerdo en la tempestad.

Salvador Garza

El corazón no sabe OLVIDAR

Cuando dejé de pensar en ti... ese día
estaré contigo en la eternidad.

Salvador Garza

El corazón no sabe OLVIDAR

Me pregunto si mencionas mi nombre en tus historias; quizás aún quede en tu memoria lo bonito que la pasamos y en tu corazón el recuerdo de cuando nos besábamos.

Salvador Garza

¿Por qué tenerle miedo a la muerte? Sí, cuando sea el momento, ya no contaré los minutos… para volver a verte.

Salvador Garza

El corazón no sabe OLVIDAR

El miedo de ser olvidado por el mundo al pasar de los años se fue quitando, ya que me reconfortaba que, si algún día yo ya no estuviera en este mundo, tú me recordarías con un amor profundo… y si tú me amas y me recuerdas, eso quiere decir que el olvido por los demás… no es tan malo.

Salvador Garza

El corazón no sabe OLVIDAR

Si tú aún me amas, no me importa si el resto de la humanidad me odia.

Salvador Garza

El corazón no sabe OLVIDAR

*Se puede amar, sin tocar, sin ver, sin
escuchar; ponle los sentidos que quieras;
yo te amo, aunque no estés conmigo…
porque lo que tú y yo tuvimos, es difícil de
replicar.*

Salvador Garza

El corazón no sabe OLVIDAR

*Mi corazón solo a ti te pertenecerá; así mi
cuerpo se vuelva uno con la tierra, jamás…
te dejaré de amar.*

Salvador Garza

El corazón no sabe OLVIDAR

*Mis sueños me vuelven loco, y la realidad
me destroza poco a poco... y cómo no
hacerlo si por ti mi corazón sigue
palpitando.*

Salvador Garza

El corazón no sabe OLVIDAR

Tal vez no vuelva a amar a otra mujer, y por qué lo haría, si tú eres el único ser… al cual perteneceré.

Salvador Garza

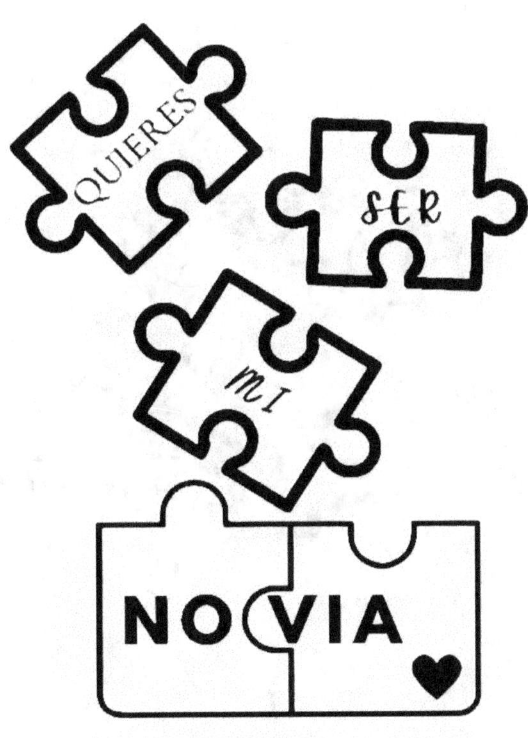

El corazón no sabe OLVIDAR

Ya no estoy seguro de lo que es el amor...
busco su significado en los libros y es inútil,
porque en ningún libro encuentro tu
retrato... tú... mi significado de amor.

Salvador Garza

El corazón no sabe OLVIDAR

Tu retrato hace que mis ojos se iluminen,
aun en el día más nublado.

Salvador Garza

El corazón no sabe OLVIDAR

Como le explicas el amor a alguien que jamás lo ha sentido, es como explicarle a alguien el camino cuando está perdido; me pasaba lo mismo antes de estar contigo; después de eso supe decirlo… amor es verla a los ojos y saber que has encontrado el camino.

No sabría explicarle a alguien que es el amor… solo sé que lo he sentido… cuando te miro.

Salvador Garza

El corazón no sabe OLVIDAR

Hay partes de mí que solo existieron contigo… y aún están tratando de seguir vivas… entre todos mis recuerdos de ti.

Salvador Garza

El corazón no sabe OLVIDAR

El tiempo cura las heridas… pero ¿cómo sanar un corazón roto?… que se niega a olvidar… y una mente que no deja de sentir.

Salvador Garza

El corazón no sabe OLVIDAR

Tu recuerdo me grita constantemente, y al
llegar la noche, ese grito se vuelve tenue…
que me consuela al saber que al menos aún
te tengo… en mi mente.

Salvador Garza

El corazón no sabe OLVIDAR

*Así existan trillones de estrellas… ninguna
se compara al brillo que me otorgaban tus
hermosos ojos al verme llegar.*

Salvador Garza

El corazón no sabe OLVIDAR

Nadie elige a quien amar; no me juzguen por no poder olvidar… a la mujer que amaré, por toda la eternidad.

Salvador Garza

El corazón no sabe OLVIDAR

Que la luna que alumbra mi camino en la oscuridad sea testigo de esto que hoy escribo… jamás te dejaré de amar, puesto que el olvido no es parte mío… eres y serás el amor más puro, que en mi vida he sentido.

Salvador Garza

El corazón no sabe OLVIDAR

¿Qué si aún pienso en ti?
Cómo te explico mi amor que, a pesar del
tiempo transcurrido, aún te dedico poemas
en el viento… esperando que el eco de mi
voz llegue a tu corazón.

Salvador Garza

El corazón no sabe OLVIDAR

Escribo para no ahogarme en mis pensamientos… pensamientos que solo tú ocupas, y fracaso puesto que el mar de angustia, que habita en mi ser, sale por mis ojos, al quererte volver a ver.

Salvador Garza

Te extraño

El corazón no sabe OLVIDAR

Si algún día te preguntas cuanto te amo,
deberías de contar las estrellas en el cielo,
y créeme que ni aún así... te estarías
acercando.

Salvador Garza

El corazón no sabe OLVIDAR

*Las personas dicen que debería de cerrar
este capítulo en mi vida… ¿Y qué hago con
el resto de nuestra historia?*

Salvador Garza

El corazón no sabe OLVIDAR

*Si vieras lo que yo veo en ti… no tendrías
duda de lo especial y única que eres para
mí, lo fuerte y valiente que puedes llegar a
ser. Cuando estás decidida a algo obtener,
te convertiste en arte ante mis ojos, ese
arte… que solo yo puedo ver.*

Salvador Garza

Dicen que estoy loco y que no comprendo lo que me está pasando, pero si tan solo se detuvieran un momento a observarte como yo lo hago, entenderían lo especial que eres y lo fantástico que me siento estando a tu lado.

Salvador Garza

El corazón no sabe OLVIDAR

Tan loca, enojona e histérica, celosa al por mayor, fingiendo que no lo eres y que solo cuidas lo que es tuyo… así te amé… así te amo y así te amaré.

Salvador Garza

El corazón no sabe OLVIDAR

*Escribo para que las palabras no se queden
en mi mente, para que el día de mañana
puedas entender que alejarme de ti fue una
decisión que me fue consumiendo…
lentamente.*

Salvador Garza

El corazón no sabe OLVIDAR

Hoy en día, sigo viendo el ayer... Ese día en el que partías de mi vida, con un mensaje de texto donde expresabas todo lo que sentías. Me lastimó que no te quedaras... pero me dolió más ser yo en ese instante, ya que para ti no fui más interesante.

Salvador Garza

El corazón no sabe OLVIDAR

Ayer fue hace dos años, y aún veo tu retrato, lo hermosa que eres, con esa sonrisa, que me hacía sentir fuerte y valorado; hoy en día no me siento así, vaya vestigio del pasado.

Salvador Garza

El corazón no sabe OLVIDAR

Aunque sé que el tiempo hará estragos en mi memoria, de algo estoy seguro, podré olvidar las llaves o que deje encendida la estufa, pero nunca he de olvidar esa hermosa sonrisa tuya, con ese dientecito roto que me hacía perder la cordura.

Salvador Garza

El corazón no sabe OLVIDAR

Los días sin saber de ti me son agobiantes, y ¿qué puedo hacer si muero a cada instante? Solo me queda seguir respirando, para que tu recuerdo no sea parte de las memorias que se pierden por los desastres.

Salvador Garza

El corazón no sabe OLVIDAR

Se cree que lo primero que olvidas de una persona es su voz… aquí estoy después de años, con una melodía en el corazón, que suena mejor que cualquier canción; es tu voz que jamás olvidaré, la voz de la mujer que de verdad amé… mi amada V.

Salvador Garza

El corazón no sabe OLVIDAR

Ojalá un día vuelva a verte, para poder
abrazarte, para darle un respiro a mi alma,
para que ella vea… que aún sigues
presente.

Salvador Garza

El corazón no sabe OLVIDAR

Para el corazón no es fácil dejar ir, y mucho menos si es la persona que lo hace latir; dime qué puedo hacer para ya no extrañarte tanto… como le digo a mi corazón que ya no estarás a mi lado.

Salvador Garza

El corazón no sabe OLVIDAR

*Cuando me enamoré de ti... fue inevitable...
era como decirle al viento que no tocara mi
piel, y lo peor de todo es que lo supiste
desde el inicio, que con un simple "hola"
me tenías rendido a tus pies.*

Salvador Garza

El corazón no sabe OLVIDAR

Jamás me imaginé que se podía continuar
el día a día, con una herida en el corazón…
y aquí estoy tratando de sanarlo, pero él
solo pide escuchar tu voz… como le explico
que lo que me pide no tiene solución.

Salvador Garza

El corazón no sabe OLVIDAR

Somos dos historias que en algún momento de nuestras vidas se contaron en el mismo libro.

Salvador Garza

El corazón no sabe OLVIDAR

La Luna cree que es mi fuente de inspiración; solo me queda sonreír, si tan solo supiera que tú eres la inspiración que no me apetece dejar ir.

Salvador Garza

El corazón no sabe OLVIDAR

Sé con certeza que se me irá la vida
amándote… estés conmigo o no.

Salvador Garza

Eres la única razón por la cual me da miedo tener alzhéimer… No recordarte sería morir en vida.

Salvador Garza

El corazón no sabe OLVIDAR

Tratar de consolar a alguien que tiene el corazón roto, es como tratar de secar el mar con una toalla.

Salvador Garza

El corazón no sabe OLVIDAR

Nadie podrá cambiar nunca lo que siento por ti, porque tengo la certeza de cómo es el amor, y sé que tu amor... es lo que me hace feliz, no porque sea amor... sino porque viene de ti.

Salvador Garza

El corazón no sabe OLVIDAR

Amarte fue el acto más violento que he hecho en mi vida, porque cambiaste mi forma de ver el mundo; hiciste que la población de ocho billones de personas se redujese a una sola, una mujer… con ojos hermosos y una sonrisa que me enamora.

Salvador Garza

El corazón no sabe OLVIDAR

*Sí, aún te amo… no importa qué día, mes,
año o tiempo en que leas esto.*

Salvador Garza

El corazón no sabe OLVIDAR

Si mi vida fuera un libro, yo sería el lector que busca entre todos los capítulos un reencuentro donde el protagonista ve a lo lejos a la mujer que más amó, y ambos sonríen… para continuar la historia que se prometieron.

Salvador Garza

El corazón no sabe OLVIDAR

*Amarte en silencio fue mi única opción…
no volver a verte, mi perdición. Aunque mi
corazón grite tu nombre anhelando por tu
regreso, solo me quedan las fotos y los
recuerdos de que alguna vez en el tiempo…
solo éramos tú y yo.*

Salvador Garza

El corazón no sabe OLVIDAR

Qué van a saber los demás de dolor, si nunca han experimentado como la mente no deja de amar y el corazón se niega a olvidar.

Salvador Garza

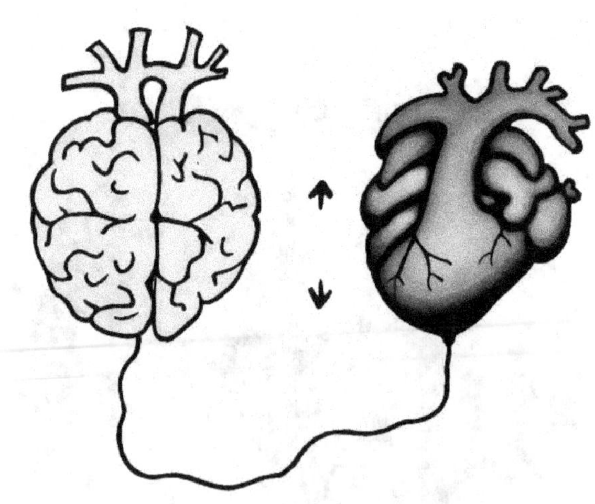

El corazón no sabe OLVIDAR

"Ya no la extraño"
Lo que tienen que escuchar mis amigos…
para que no se enteren de que aún me
muero por estar contigo.

Salvador Garza

El corazón no sabe OLVIDAR

No, no le tengo miedo al amor… sería como tenerle miedo a la vida. Aunque ustedes no lo vean, yo amo a una mujer que ya no está conmigo… en mi día a día.

Salvador Garza

El corazón no sabe OLVIDAR

Me preguntaron ¿qué es el amor? Les enseñé tu fotografía… ellos no entendieron, puesto que nunca te habían visto. Sonreí, y les dije:
Exacto, el amor es eso… amar a alguien sin verla, sin escucharla, sin oírla, sin tocarla… sin percibir su aroma… todo eso que nos hace humanos… ya que amar con el alma fue lo que yo hice.

Salvador Garza

El corazón no sabe OLVIDAR

El tiempo no cura nada cuando se trata del amor.

Salvador Garza

El corazón no sabe OLVIDAR

Te escribo tantos poemas con la esperanza... de que aún pienses en mí.

Salvador Garza

El corazón no sabe OLVIDAR

La incertidumbre de volver a verte me agobia constantemente; no pasa ningún día en que no pases por mi mente.

Salvador Garza

El corazón no sabe OLVIDAR

*Fuiste como una estrella fugaz… Llegaste
cuando menos lo esperaba y te fuiste,
dejando el recuerdo de tu mirada.*

Salvador Garza

El corazón no sabe OLVIDAR

Esto tal vez nunca te lo dije y puede que
nunca lo leas. Dolió que decidieras no
seguir aquí… pero al menos en mis sueños
estamos juntos y tenemos una niña igualita
a ti.

Salvador Garza

El corazón no sabe OLVIDAR

Juré amarte para siempre y reíste a carcajadas, diciendo que lo olvidara... Aquí estoy escribiendo esto después de años de guardar silencio, cuando debí de gritar para que te quedaras.

Salvador Garza

El corazón no sabe OLVIDAR

Mis palabras puede que se las lleve el viento, pero jamás esto que siento, así que prefiero escribir cuanto te amo en este momento, ya que no importa lo que haga, este sentimiento será perpetuo, porque contigo aprendí que el amor existe y que me pude enamorar con solo una mirada… en tan solo un momento.

Salvador Garza

El corazón no sabe OLVIDAR

¿Por qué te enamoraste tanto de ella?
Porque ella era todo… entre todas.

Salvador Garza

El corazón no sabe OLVIDAR

Si alguna vez pasa por tu mente, sí, si eras… si eres y sí seguirás siendo el amor de mi vida.

Salvador Garza

El corazón no sabe OLVIDAR

—Existen 4 mil millones de chicas.
—Eso lo sé…
—Entonces, ¿por qué sigue siendo ella?
—Porque mi mente y corazón están de
acuerdo en algo.
— ¿Qué cosa?
—Ella es mi otra mitad.

Salvador Garza

El corazón no sabe OLVIDAR

Algún día alguien te hará llegar esto, y te darás cuenta de que yo hubiera hecho todo lo imposible para que estuviéramos juntos… Pero también comprenderás por qué dejé que te fueras.

Salvador Garza

El corazón no sabe OLVIDAR

Recorrer contigo parte de mi vida ha sido un privilegio… pues quién diría que entre todas las personas en el mundo pudimos coincidir para tener uno de esos amores que ya no han de existir.

Salvador Garza

El corazón no sabe OLVIDAR

¿Seguirás pensando en mí?, eso no lo sé...
sería bonito que fuera así, qué vergüenza
que la luna vea que le escribo a alguien que
no quiere saber de mí.

Salvador Garza

El corazón no sabe OLVIDAR

No me queda más que esperarte en silencio, ver cómo pasan los días, aferrándome a tu recuerdo, aferrándome al tiempo que ya no tengo, viviendo de la esperanza de verte de nuevo.

Salvador Garza

El corazón no sabe OLVIDAR

Qué van a saber ellos de amor, si no han vivido el dolor de una separación… cuanta hipocresía hay en la gente que vive teniéndole miedo al amor, criticando a otros sin saber su dolor; tal vez ella ya no esté conmigo… pero díganme, como le explico eso a mi corazón, que ella prefirió irse, quizás… a un lugar mejor.

Salvador Garza

Espero algún día volver a verte; ojalá mi mirada no me delate, que aún muero por ti... aun sabiendo que tú, ni siquiera te acordabas de mí.

Salvador Garza

El corazón no sabe OLVIDAR

Tal vez yo camine sin rumbo en este mundo,
pero si es que ese hilo rojo existe, entonces
no importará cuantas vueltas le demos…
nuestro destino será siempre estar juntos.

Salvador Garza

Mi alma aclama esa calma que tendría al tenerte en mi cama, y ver por las mañanas la mirada de mi amada.

Salvador Garza

El corazón no sabe OLVIDAR

Me gustaba cuando me mirabas a los ojos y desliabas una leve sonrisa, si tan solo hubieras sabido que por esa sonrisa yo daría todo… tal vez no te hubieras ido con tanta prisa.

Salvador Garza

El corazón no sabe OLVIDAR

Sé que tal vez para ti nuestra relación no fue la ideal, pero… esos grandes momentos de felicidad, los atesoraré para toda la eternidad.

Salvador Garza

El corazón no sabe OLVIDAR

¿Por qué no le temo a la oscuridad?
Quizás porque encontré la magia al pensar
en ti, mientras dejo que mis manos escriban
lo que mi corazón siente, en las noches
donde me siento ausente.

Salvador Garza

El corazón no sabe OLVIDAR

*Porque cada película de amor me recuerda
a lo que tuvimos, avivando la llama de un
posible reencuentro, donde podamos cerrar
esta atapa en un altar, donde podremos
demostrar... que no todo ha de acabar.*

Salvador Garza

El corazón no sabe OLVIDAR

Existen corazones a los que se les da todo y siguen sin sentir que es suficiente, espero y no sea el caso en nuestra relación, porque aún te amo y eso destrozaría lo que queda de mi corazón.

Salvador Garza

El corazón no sabe OLVIDAR

Sigo mi vida día con día; trato de sonreír, aunque no lo sienta, ya que no puedo demostrar que aún te amo; mis amigos se reirían por el tiempo que ha pasado, ya que suena absurdo que un amor perdure tanto sin ser alimentado.

Salvador Garza

El corazón no sabe OLVIDAR

Han pasado 2 años… desde que decidiste irte… Estoy bien con eso, puesto que nunca quise que te sintieras prisionera en mi corazón.

Pero aun así mi corazón no pudo entender tu decisión… mis amigos me dicen que me veo mejor… ojalá que nunca se enteren que te sigo amando… ojalá… que nadie se entere que te sigo esperando… incluso cuando estoy soñando… y es que nadie entiende que es difícil soltar a la persona que sigues amando… porque estoy seguro que ellos no entienden lo que es necesitar a la persona que tanto te hizo daño… y es compresible, porque no saben lo que es pasar un día a tu lado y ese cosquilleo cuando pronuncias te amo… Estoy seguro que si ellos entendieran lo que es tenerte… tampoco te hubieran olvidado.

Salvador Garza

El corazón no sabe OLVIDAR

Cuando me dijiste te amo por primera vez
sentí que mi vida tenía sentido, y comprendí
que uno vive para amar y ser amado, pero
de qué me sirve la vida si no estás a mi
lado.

Salvador Garza

El corazón no sabe OLVIDAR

Y yo… estaré aquí esperando a que vuelvas,
solo espero que no me hayas olvidado.

Salvador Garza

El corazón no sabe OLVIDAR

Estaba, estoy y estaré... enamorado de ti.

Salvador Garza

El corazón no sabe OLVIDAR

Tal vez te querías ir para buscar la perfección y tienes razón, puesto que no lo soy; yo solo te ofrecí mi lealtad y todas mis locuras, pensado solamente en hacerte feliz.

Salvador Garza

El corazón no sabe OLVIDAR

Me enamoré de ti con una sola mirada; no tuviste que hacer nada. Me enamoré de tus ojos cafés, los más hermosos del mundo.

Salvador Garza

El corazón no sabe OLVIDAR

*Los problemas que tengo en mi vida no son
nada, con el problema que tengo al soñarte,
y créeme que soñarte es lo mejor del
mundo; lo peor es despertar sin rumbo…
ver que no estás a mi lado en esta realidad.*

Salvador Garza

El corazón no sabe OLVIDAR

Si elegí ser así contigo fue porque me demostraste que eras diferente a las demás personas, hermosa, lista, y enojona, con ese brillo único... la mujer de mis sueños, que decía que no sentía celos por nada y a la vez por todo.

Salvador Garza

El corazón no sabe OLVIDAR

Lo que tú no sabes… es que los latidos de mi corazón nunca dejaron de ser para ti, a pesar de tu partida… Mi corazón no entendía por qué no iba a buscarte… lo que él no sabía, era que dejarte ir… también era un acto de amor.

Salvador Garza

El corazón no sabe OLVIDAR

Hoy en día, las personas tienen que pensar antes de actuar… donde quedo ese impulso que lleva al hombre a amar a una mujer sin temor, sin dudas… sin razón, así como lo hice yo, porque el amor se siente, no se piensa, porque si fuera así, qué sentido tendría la vida… vivir sin sentir.

Salvador Garza

El corazón no sabe OLVIDAR

En ningún momento he dejado de pensar en ti y tengo a la luna de testigo, que mi amor es tan grande como el universo… y solo me quedo eso, un vestigio de tu recuerdo, sintiendo como mi corazón se parte en pedazos en silencio.

Salvador Garza

El corazón no sabe OLVIDAR

Me llegó de golpe el saber que no recibiría
ningún mensaje tuyo. Fue tan duro darme
cuenta de que esto pudiera pasarme…
perder al amor de mi vida en un instante.

Salvador Garza

El corazón no sabe OLVIDAR

Cuando me miraba, me perdía en su mirada; es que esos ojos me encantan; su barbilla partida, como me gustaba, aunque a ella le desagradaba, le daba besos en su nariz, aunque estuviera congestionada.

Salvador Garza

El corazón no sabe OLVIDAR

Puede que te haya amado de más… pero qué más da, yo te di todo mi amor, sin mirar atrás, porque de eso se trataba, amarte de una forma única, en la cual… te sintieras especial.

Salvador Garza

El corazón no sabe OLVIDAR

Esto ya es algo más personal… y espero no me lo tomas a mal, pero quería que supieras que no importaba que aroma adornara tu cuerpo, porque a mí me fascinaba, aunque estuvieras en pijama.

Salvador Garza

El corazón no sabe OLVIDAR

*Me gustaste desde el primer instante… Eres
mi prueba viviente de que el amor a
primera vista existe.*

Salvador Garza

El corazón no sabe OLVIDAR

*Te amo y no hay nada que haga que no esté
motivado por este sentimiento que tengo tan
arraigado hacia ti, esperando que algún día
nos volvamos a reunir… para compartirte
todo lo que hecho… solo para ti.*

Salvador Garza

El corazón no sabe OLVIDAR

*Mi corazón pregunta por ti todos los días;
mirar tu fotografía ya no le basta… ¿Dónde
está la mujer a la que le pertenezco?*

Salvador Garza

El corazón no sabe OLVIDAR

*El mundo está lleno de almas gemelas que
están esperando que regrese su ser amado,
pero también… de almas que no saben
cómo regresar a quienes siguen amando.*

Salvador Garza

El corazón no sabe *OLVIDAR*

*Mi corazón se partía en miles de pedazos,
mientras leía tus mensajes, donde decías
que no querías estar más a mi lado…
respetar tu decisión ha sido lo que más me
ha costado.*

Salvador Garza

El corazón no sabe OLVIDAR

Intento mantener mi cordura escribiendo sobre ti.

Salvador Garza

El corazón no sabe OLVIDAR

Me obligo a no ir a buscarte, aunque me muera por besarte.

Salvador Garza

El corazón no sabe OLVIDAR

*Tomar tu mano ha sido de las mejores
sensaciones del mundo; sentí como mi
corazón se paralizaba y a la vez se
aceleraba... no lo culpo; estaba
sosteniendo a la mujer que amaba.*

Salvador Garza

El corazón no sabe OLVIDAR

*Quisiera percibir tu aroma una vez más,
puesto que no lo olvido, pero sabes que no
es igual.*

Salvador Garza

El corazón no sabe OLVIDAR

Tal vez me has olvidado.
Y yo te extraño.
Tal vez me odies.
Y yo te sigo amando.
Tal vez algún día me vuelvas a ver, puede
que toque tu mano, y logres entender, que
lo que nos pasó no fue culpa de nadie y que
el amor que puedo generar... solo a ti te
pertenecerá.

Salvador Garza

El amor verdadero sabe esperar... Soy prueba de ello, porque a pesar de que el tiempo avance, soy incapaz de dejar de amarte.

Salvador Garza

El corazón no sabe OLVIDAR

Tal vez pienses que no te busque porque jamás te ame… lamento contradecirte, porque amarte fue lo más sencillo y hermoso de este mundo; quizás por eso nunca te olvide, puesto que solo quería que te sintieras orgullosa de mí… que vieras lo que un hombre enamorado de verdad está dispuesto a dar… así me quedé solo el resto de mi vida para probar mi punto… eso que te mencione aquel día… Que a quien se ama de verdad jamás se olvida.

Salvador Garza

El corazón no sabe OLVIDAR

Me enamoré de ti tantas veces estando en nuestra relación, qué loco suena eso, pues quién diría que se puede enamorar cada vez más fuerte… de la misma persona que hace que el mundo sepa diferente.

Salvador Garza

Y así fue, cuando menos lo espere, esos ojos color café... me borraron los malos momentos que pase, todas las penas que me atormentaban se esfumaron con solo una mirada.

Salvador Garza

El corazón no sabe OLVIDAR

Sentí tu alma antes que tu piel; sé que suena raro, pero así fue... cuando me miraste a los ojos por primera vez, la palabra amor tuvo un significado único para mí... porque me di cuenta de que mi corazón era completamente para ti.

Salvador Garza

El corazón no sabe OLVIDAR

Yo era feliz, aunque solo te pudiera ver
cinco minutos… porque alegrabas mis días,
aun en los momentos más oscuros.

Salvador Garza

El corazón no sabe OLVIDAR

Puede que tu mente me haya olvidado o incluso odiado, pero me gusta creer que, si algún día volvemos a encontrarnos, tu corazón será piadoso y no detendrás el impulso de querer abrazarnos… ese sería el momento mágico al saber, que no fui el único que estuvo esperando.

Salvador Garza

El corazón no sabe OLVIDAR

Hice todo lo que pude para sostenerte entre mis brazos; fue hiriente el comprender que amarte tanto no fue suficiente, para tratar de convencerte para quedarte conmigo... para siempre.

Salvador Garza

El corazón no sabe OLVIDAR

Un beso, sería suficiente, así sabrías todo lo que te he amado, aunque no estuvieras a mi lado.

Salvador Garza

El corazón no sabe OLVIDAR

Si es que existen otras vidas… me esforzaría por encontrarte. Quizás allí no sea demasiado tarde.

Salvador Garza

El corazón no sabe OLVIDAR

Yo elijo amarla y espero que a todos les quede claro, a pesar de que el tiempo ha sido suficiente para olvidarla, no lo he logrado. Pueden culpar a mi corazón, ya que él hizo una promesa… de amarla para siempre, aunque ya no esté a mi lado.

Salvador Garza

El corazón no sabe OLVIDAR

Lo que yo quiero que entiendas es que
nunca quise que te fueras, pero como
querías que yo me quedara, sabiendo que tú
por mí ya no sentías nada.

Salvador Garza

El corazón no sabe OLVIDAR

He tratado de reparar algo que tal vez ya no sirva, que está roto y ya no tiene solución… o quizás te llevaste partes de mi corazón y es por eso que no funciona, y es por eso que siento que nadie estará a tu altura.

Salvador Garza

El corazón no sabe OLVIDAR

*Lo mejor de la vida es el amor… ese amor
que solo tú y tu otra mitad pueden disfrutar,
ese amor incondicional, el cual nunca
acabará… Si algún día lo encuentran… no
lo dejen ir, porque se pueden arrepentir
toda la vida… así como yo, vaya ironía.*

Salvador Garza

El corazón no sabe OLVIDAR

El día que la mires sonreír… el día que le hagas una trenza a su hermoso cabello, el día que la veas haciendo algo tan sencillo como hablar o comer, y tu única reacción sea sonreír… ese día, estarás perdido, porque ese día es el primero de toda tu vida en la cual ella se albergue en tu corazón de por vida.

Salvador Garza

El corazón no sabe OLVIDAR

*De ti aprendí cómo amar a los animales,
ese amor incomparable que le mostrabas a
esos seres; todo lo que hacías por ellos me
conmovía en el alma, porque sabía que tu
corazón era noble y sensible, lo que todo el
mundo espera de una dama.*

Salvador Garza

El corazón no sabe OLVIDAR

Te extraño… ya han pasado años, y no sé si tengo miedo de volverte a mirar… miedo de que cuando mire tus ojos me de cuenta de que ya nada es igual, que tal vez extraño algo que ya no existe… algo que solo se quedó atrás, porque tengo miedo de que solo extrañe el recuerdo de la persona que jamás serás.

Te extraño, y si algún día te vuelvo a ver, espero tener el valor de verte a los ojos y que me sonrías justamente como lo hacías, alegrando mis días.

Salvador Garza

El corazón no sabe OLVIDAR

Quisiera volver a verte y recitarte todos estos poemas en persona, tratando de explicar todo lo que he sentido por ti en todos estos años en los que no estuvimos juntos, expresando todo mi amor hacia ti. Si algún día pasa eso, espero y entiendas por qué se me salen las lágrimas; estoy viendo al amor de mi vida... el cual creía que ya no volvería.

Salvador Garza

El corazón no sabe OLVIDAR

Fue imposible no rendirme ante ti con semejante sonrisa, la cual solo conmigo compartías, esa voz chiple que hacías a escondidas, para que hiciera lo que tú querías… La sencillez de tu alma me envolvió en este amor profundo del cual no saldré jamás.

Que me perdone el tiempo por querer detenerlo; solo quiero apreciarte otro momento, para perderme en la mirada de mi amada.

Salvador Garza

El corazón no sabe OLVIDAR

*Contigo nada fue un sacrificio o esfuerzo,
todo fue de corazón… sin razón.*

*Verte sonreír fue el pago de cada cosa que
hice por ti, para que estuviéramos juntos.*

Salvador Garza

Mi corazón no sabe olvidar.

El corazón no sabe OLVIDAR

*Quería demostrarte que podría ser escritor
para dedicarte versos de amor, y ahora
estoy aquí… solo, sin dejar de pensar en ti,
escribiéndote poemas que quizás jamás
vayas a leer, pero la luna es testigo de que
nunca te deje de querer, mi mujer perfecta
con V de verano.*

Salvador Garza

MI LINDA VERÓNICA... ESCRIBO TU
NOMBRE PARA QUE NO TE QUEDE DUDA
QUE TODO MI AMOR FUE, ES... Y SERÁ
SOLO PARA TI.